MEDE'E,

TRAGEDIE.
EN MUSIQUE,
REPRESENTE'E
PAR L'ACADEMIE ROYALE DE MUSIQUE.

On la vend,
A PARIS,
A l'Entrée de la Porte de l'Academie Royale de Musique,
Au Palais Royal, ruë Saint Honoré.
Imprimée aux dépens de ladite Academie.
Par CHRISTOPHE BALLARD, seul Imprimeur du Roy
pour la Musique.
M. DC. XCIII.

AVEC PRIVILEGE DV ROY.

ACTEURS
DU PROLOGUE.

A VICTOIRE.
BELLONNE.
LA GLOIRE.

Chœurs d'Habitans des environs de la Seine.
Chœurs de Bergers Heroïques.

PROLOGUE.

Le Theatre represente un lieu rustique, embelly par la Nature, de Rochers & de Cascades.

UN CHEF D'HABITANS.

OUIS est triomphant, tout céde à sa puissance,
La Victoire en tous lieux, fait reverer ses Loix.
Pour la voir avec nous toujours d'intelligence,
Rendons-luy des honneurs dignes de sa presence.
Rendons-luy des honneurs dignes des grands exploits
Qui consacrent le Nom du plus puissant des Roys.

PROLOGUE.

Chœurs d'Habitans & de Bergers Heroïques.

LOUIS est triomphant, tout céde à sa puissance,
La Victoire en tous lieux, fait reverer ses Loix.
Pour la voir avec nous toujours d'intelligence,
Rendons-luy des honneurs dignes de sa presence.
Rendons-luy des honneurs dignes des grands exploits
Qui consacrent le Nom du plus puissant des Roys.

Deux Bergers & un Habitant.

Paroissez, charmante Victoire,
Hastez-vous, venez descendez.
Amenez-nous Bellone, amenez-nous la Gloire,
Par qui vos soins pour nous sont si bien secondez.
Paroissez, charmante Victoire,
Hastez-vous, venez descendez.

LE CHOEUR.

Paroissez, charmante Victoire,
Hastez-vous, venez descendez.

Les deux Bergers & l'Habitant.

Ce nuage brillant nous donne lieu de croire,
Que vous nous entendez.

LE CHOEUR.

Paroissez, charmante Victoire,
Hastez-vous, venez descendez.

PROLOGUE.

On entend une Symphonie, pendant laquelle il paroît un tourbillon de nüages qui descend, & en s'ouvrant fait paroître le Palais de la Victoire, qui s'avance & occupe tout le Theatre; & au milieu du Palais, sont la Gloire, la Victoire & Bellone.

LA VICTOIRE.

Le Ciel dans vos vœux s'interesse,
Depuis long-tems, la France est mon sejour.
Attachée au Heros, qui pour elle sans cesse
Fait agir sa haute sagesse,
Je sens pour luy de jour en jour,
En redoublant mes soins, redoubler mon amour.
Ne craignez pas que la Victoire,
Favorise jamais les jaloux de sa gloire.
Ils ne cherchent à triompher
Qu'afin de prolonger la guerre.
LOUIS combat pour l'étouffer,
Et rendre le calme à la terre.

LE CHOEUR.

Ils ne cherchent à triompher
Qu'afin de prolonger la guerre.
LOUIS combat pour l'étouffer,
Et rendre le calme à la terre.

BELLONE.

Vous resistez en vain, tremblez fiers Ennemis,

PROLOGUE.

Au grand Roy que je sers, je vous rendray soûmis.
Chez vous plus que jamais, par l'effroy de ses armes,
Je porteray les plus rudes allarmes :
Et mille triomphes divers,
Feront de son grand Nom retentir l'Univers.

LE CHOEUR.

Par mille triomphes divers,
Faisons de son grand Nom retentir l'Univers.

LA GLOIRE.

Pour seconder vos soins, laissez faire la Gloire,
Ce Heros me cherit, & je l'aimay toujours.
On verra durer nos amours,
Quand même il n'aura plus besoin de la Victoire.
Non, non, ses ennemis jaloux,
Ne pourront jamais rien, contre des nœuds si doux.

LE CHOEUR.

Non, non, ses ennemis jaloux
Ne pourront jamais rien contre des nœuds si doux.

LA VICTOIRE.

Le bruit des tambours, des trompettes,
Ne viendra plus troubler vos jeux,
Bergers, reprenez vos musettes,
Chantez l'amour, chantez ses feux,
La guerre & ses dangers affreux,

PROLOGUE.

N'approchent point de vos douces retraittes :
Le plus grand des Heros, vous y fait vivre heureux.
Il vaincra tant de fois, sur la terre & sur l'onde,
  Que ses Ennemis terrassez,
Malgré tous leurs projets, seront enfin forcez
De souffrir le repos qu'il veut donner au monde.

LE CHOEUR.

Il vaincra tant de fois, sur la terre & sur l'onde,
  Que ses Ennemis terrassez,
Malgré tous leurs projets, seront enfin forcez
De souffrir le repos qu'il veut donner au monde.

UN BERGER.

  Dans le bel âge,
  Si l'on n'est volage,
  Les tendres cœurs
 Goûtent peu de douceurs.
L'ardeur d'une flâme constante
 Est bien-tost languissante,
  Veut-on d'agreables amours ?
   Il faut changer toujours.
  Dans le bel âge,
  Si l'on n'est volage,
  Les tendres cœurs
 Goûtent peu de douceurs.

DEUX BERGERES.

Voir nos moutons dans la verte prairie,
 Bondir sur l'herbette fleurie,

PROLOGUE.

Sans craindre la fureur des loups,
C'est pour nous un plaisir extrême ;
Mais voir souvent ce que l'on aime,
C'est encore un plaisir plus doux.

LE CHOEUR.

Le bruit des tambours, des trompettes,
Ne viendra plus troubler nos jeux.
Prenons nos pipeaux, nos musettes,
Chantons l'amour, chantons ses feux ;
La guerre & ses dangers affreux,
N'approchent point de nos douces retraittes,
Le plus grand des Heros, nous y fait vivre heureux.
Il vaincra tant de fois, sur la terre & sur l'onde,
Que ses Ennemis terrassez,
Malgré tous leurs projets, seront enfin forcez
De souffrir le repos qu'il veut donner au monde.

Aprés le Chœur, le Palais s'en retourne d'où il est venu ; le tourbillon se renferme & remonte au Ciel.

FIN DU PROLOGUE.

ACTEURS DE LA TRAGEDIE.

REON, *Roy de Corinthe.*
CREUSE, *Fille de Creon.*
MEDE'E, *Princesse de Colchos.*

JASON, *Prince de Thessalie.*
ORONTE, *Prince d'Argos.*
ARCAS, *Confident de Jason.*
NERINE, *Confidente de Medée.*
CLEONE, *Confidente de Créüse.*
Troupe de Corinthiens.

Troupe d'Argiens.

Un petit Argien, déguisé en amour.

Troupe de Captifs de l'Amour.

Troupe de Demons.

MEDEE,
TRAGEDIE.

ACTE PREMIER.

Le Theatre represente une Place publique, ornée d'un Arc de Triomphe, de Statuës, & de Trophées sur des pied-destaux.

SCENE PREMIERE.
MEDE'E, NERINE,
MEDE'E.

POUR flater mes ennuis, que ne puis-je te croire !
Tout le voudroit, mon repos & ma gloire ;

MEDE'E,

Mais en vain à douter je trouve des appas,
Jason est un ingrat, Jason est un parjure;
L'amour que j'ay pour luy, me le dit, m'en asseure,
  Et l'Amour ne se trompe pas.

NERINE.

Un mouvement jaloux vous le peint infidelle,
Mais d'injustes soupçons troublent vostre repos;
Creüse est destinée au souverain d'Argos.
Sur quel espoir Jason brûleroit-il pour elle?

MEDE'E.

Je sçay qu'Oronte est prest d'arriver en ces lieux;
  Il vient remply d'un espoir glorieux:
Mais à le recevoir si Corinthe s'appreste,
Ce n'est point son hymen qui le fait souhaiter.
Il s'éleve contr'elle une affreuse tempeste,
  Son secours la peut écarter.

NERINE.

Acaste contre vous arme la Thessalie.
  La cruelle mort de Pelie
  Vous rend l'objet de sa fureur.
  Si Creon ne vous abandonne,
De la guerre en ces lieux il va porter l'horreur;
Et lorsqu'en ce peril, comme l'amour l'ordonne,
Jason veut de Creüse aquerir la faveur,
  Faut-il que ce soin vous étonne?

TRAGEDIE.

MEDE'E.

Qu'il soit abandonné de Creuse & du Roy,
S'il luy faut un appuy, ne l'a-t'il pas en moy ?
Quand de Colchos il prit la fuite,
Maître de la riche Toison,
Mon pere eût beau s'armer contre ma trahison,
Quel fut l'effet de sa poursuite ?

NERINE.

Quoy, vous resoudre à fuir toujours?

MEDE'E.

La fuite, l'exil, la mort même,
Tout est doux avec ce qu'on aime.

NERINE.

Jason pour vos enfans cherche icy du secours.

MEDE'E.

Qu'il le cherche, mais qu'il me craigne.
Un dragon assoupy, de fiers taureaux domptez,
Ont à ses yeux suivy mes volontez.
S'il me vole son cœur, si la Princesse y regne,
De plus grands efforts feront voir,
Ce qu'est Medée & son pouvoir.

NERINE.

Forcez vos ennuis au silence,
Un couroux violent ne doit jamais parler.
On perd la plus seure vengeance

MEDE'E,
Si l'on ne sçait dissimuler.
MEDE'E & NERINE.

Forçons nos } *ennuis au silence ;*
Forcez vos
Un couroux violent ne doit jamais parler.
On perd la plus seure vangeance
Si l'on ne sçait dissimuler.

SCENE SECONDE.
MEDE'E, JASON, NERINE, ARCAS.
MEDE'E.

D'Où vous vient cét air sombre, & qu'allez-vous m'apprendre ?
Creon nous voudroit-il bannir de ses Estats ?

JASON.

Creon redoute Acaste, & ne s'explique pas ;
  Mais contre nous quoy qu'on puisse entreprendre,
Du moins pour nos enfans j'ay sçeu fléchir les Dieux.
S'il faut d'un fier destin suivre la loy cruelle,
  Ils trouveront un azyle en ces lieux ;
La Princesse les doit retenir auprés d'elle.

TRAGEDIE.
MEDE'E.

C'est estre genereuse.

JASON.
Elle me laisse voir
Que nous pouvons esperer d'avantage.
Sur son pere elle a tout pouvoir
Et j'attens tout du zele où sa bonté l'engage.

MEDE'E.
L'ardeur que vous montrez à luy faire la Cour.

JASON.
Ignorez-vous d'un pere où va le tendre amour ?

MEDE'E.
Pour nous la rendre favorable,
Vos soins trop assidus devroient vous alarmer.
Une douce habitude est facile à former ;
Et voir souvent ce qui paroît aimable,
C'est flater le penchant qui nous porte à l'aimer.

JASON.
Quoy vous me soupçonnez ?

MEDE'E.
Jason doit me connoistre,
Il me coûte assez cher pour ne le perdre pas.

MEDE'E,
JASON.

Ah! que me dites-vous ?

MEDE'E.

Ce que je crains.

JASON.

Helas!
Que ne puis-je faire paroître
Ce que mon cœur pour vous sera jusqu'au trépas !

MEDE'E & JASON.

Que de tristes soucis, malgré ses doux appas,
Dans un cœur bien touché l'injuste amour fait
  naistre !

MEDE'E.

De trop cuisants remords accablent les ingrats ;
Jason ne le voudra pas estre.

JASON.

Quittez ces détours superflus.
Pour m'asseurer du Roy, je voyois la Princesse.
Mais si c'est un soin qui vous blesse,
Parlez, je ne la verray plus.

MEDE'E.

Non, Jason, cherchez à luy plaire.

Dans

TRAGEDIE.

Dans les rigueurs d'un sort trop inhumain
Son secours nous est necessaire.

JASON.

Pour nous le rendre plus certain,
Diray-je ce qu'il faudroit faire ?
Cette robe superbe où par tout nous voyons,
Du Soleil vostre Ayeul éclater les rayons,
Par son brillant a touché son envie,
Ses yeux m'en ont paru surpris.
Nous verrions sa faveur d'un prompt effet suivie,
Si de ses soins vous en faisiez le prix.

MEDE'E.

Vous le voulez, je la donne sans peine ;
Mais du ciel irrité quel que soit le couroux,
Songez que si je puis me répondre de vous,
Je n'ay point à craindre sa haine.

SCENE TROISIE'ME.

JASON, ARCAS.
JASON.

QUE je serois heureux, si j'étois moins aimê !
Medée avec ardeur dans mon sort s'interesse,
Je luy dois toute ma tendresse ;

D'une autre cependant je me trouve charmé;
  Et malgré moy j'adore la Princesse.
Que je serois heureux, si j'étois moins aimé!

ARCAS.

Si vous l'abandonnez, songez-vous à la rage,
  Où la mettra son desespoir?

JASON.

  Je sçay la grandeur de l'outrage,
  Je manque à la foy qui m'engage,
  Et vois tout ce que je dois voir;
Mais un fier ascendant asservit mon courage.
  En vain je cherche à n'y point consentir;
Des grandes passions c'est le sort qui décide.
Je rougis, je me hais d'estre ingrat & perfide,
  Et je ne puis m'en garantir.

ARCAS.

Dans ce que peut Medée, oseray-je vous dire
Que vous ne sçauriez trop redouter son couroux?
Si sur vostre ame encor la gloire a quelque empire,
  Voyez ce qu'elle veut de vous.

JASON.

  Que me peut demander la Gloire,
Quand l'Amour s'est rendu le maistre de mon cœur?
Dans le triste combat, où si j'ose la croire,
L'avantage cruel de demeurer vainqueur,
  Doit me coûter tout mon bon-heur,

TRAGEDIE.

    Que me peut demander la Gloire ?
Si je traite Medée avec trop de rigueur,
Un objet tout charmant trouve de la douceur
    A me ceder une illustre victoire :
Je touche au doux moment d'en estre possesseur.
    Sermens de ma premiere ardeur,
Devoirs que je trahis, sortez de ma memoire,
Et ne m'opposez plus vos chimeres d'honneur :
    Que me peut demander la Gloire,
Quand l'Amour s'est rendu le maître de mon cœur ?

  Chœur de Corinthiens qu'on ne voit pas.

    Disparoissez, inquietes alarmes ;
    Vaines terreurs, fuyez, éloignez-vous.
Le secours d'un Heros vient se joindre à nos armes,
Nos plus fiers ennemis trembleront devant nous.
    Disparoissez inquietes alarmes,
    Vaines terreurs, fuyez, éloignez-vous.

SCENE QUATRIE'ME.

CREON, JASON, ARCAS. Suite de Creon.

CREON.

L'Allegresse en ces lieux, ne peut estre plus grande.
Mon peuple voit Oronte, & son secours promis

MEDE'E.
Doit étonner nos ennemis.
Rendons luy les honneurs que son rang nous demande.

SCENE CINQUIÉME.

CREON, JASON, ORONTE.
Suite de Creon & d'Oronte.

ORONTE.

Seigneur, la Thessalie attaquant vos Estats,
Pour vous de mon secours je craindrois la foiblesse,
Si ma seule valeur répondoit de mon bras ;
Mais quand pour meriter les vœux de la Princesse,
L'honneur de la servir m'attire en vostre Cour,
J'ose tout esperer de l'ardeur qui me presse.
Que ne peut point un cœur animé par l'amour ?

CREON.

Prince, je sçay que l'Amour a des charmes,
Qui font les soins des jeunes cœurs ;
Mais la guerre aujourd'huy, par ses tristes alarmes,
En doit suspendre les douceurs.
Vous brûlez pour ma fille ; avant qu'elle se donne,

TRAGEDIE.

Il faut affermir ma couronne:
Jason la soutiendra, si vous le secondez.

ORONTE.

Aprés l'heureux succez de la Toison conquise,
Sa valeur dans cette entreprise,
Asseure les exploits que vous en attendez.

JASON.

Les voſtres sont certains, un grand prix vous anime,
Et rien n'est impossible à qui peut l'aquerir.

CREON.

Voyez nos peuples accourir,
Et souffrez que leur joye auprés de vous s'exprime.

SCENE SIXIEME.
CREON, JASON, ORONTE.
Troupe de Corinthiens & d'Argiens.

UN CORINTHIEN, à Oronte.

Courez aux champs de Mars, volez, jeune Heros.
Ouvrez-nous le chemin qui conduit à la gloire.
Nos cœurs ont trop languy dans le sein du repos :
    Pour nous mener à la victoire,
Courez aux champs de Mars, volez, jeune Heros;

Chœur de Corinthiens.

Courez aux champs de Mars, volez, jeune Heros.
Ouvrez-nous le chemin qui conduit à la gloire.
Nos cœurs ont trop languy dans le sein du repos :
    Pour nous mener à la Victoire,
Courez aux champs de Mars, volez, jeune Heros.

ORONTE.

Courons, volons, d'un courage intrepide,
Sur la foy de l'amour, affrontons les hazards :
   Ce Dieu peut tout ; puisqu'il nous sert de guide
La Victoire en tous lieux suivra mes étendards.

TRAGEDIE.

Les Corinthiens font un essay de Lutte. Les Argiens font une danse galante.

Un Corinthien & un Argien.

Quel bonheur suit la tendresse!
Heureux l'amant qui l'obtient.
Quelque desir qui le presse,
Dans l'espoir qu'il entretient;
L'amour n'a point de foiblesse,
Quand la gloire le soutient.

C'est un charmant avantage,
Que l'heureux nom de vainqueur;
Mais le plus noble courage,
N'en goute bien la douceur,
Que lorsque l'amour l'engage,
A la conqueste d'un cœur.

Chœur de Corinthiens & d'Argiens.

Que d'épais bataillons, sur nos rives descendent.
A nos vaillans efforts il faudra qu'ils se rendent.
Unissons-nous en ce grand jour,
La gloire & l'amour le demandent.
Unissons-nous en ce grand jour,
Nous ferons triompher & la gloire & l'amour.

Fin du premier Acte.

ACTE SECOND.

Le Theatre represente un Vestibule, orné d'un grand Portique.

SCENE PREMIERE.

CREON, MEDE'E, NERINE.

CREON.

L est temps de parler sans feindre.
Acaste vous poursuit, vous n'avez rien
 à craindre;
Sur quelqu'espoir qu'il forme ses desseins,
Tombe sur Corinthe la foudre,
Plûtost qu'on puisse me résoudre,

TRAGEDIE,
A vous livrer entre ses mains.
MEDE'E.
Seigneur, une bonté si grande,
Marque le cœur d'un veritable Roy.
CREON.
Lorsque pour vous je fais ce que je doy,
A vostre tour, la justice demande
Que vous fassiez quelque chose pour moy.
A vous voir dans ma Cour, mon peuple s'inquiete,
Il craint ce qu'avec vous vous trainez de malheurs,
Et que ma complaisance à vous donner retraite
Ne luy soit un sujet de pleurs.
Pour le guerir de ses alarmes,
Allez attendre en d'autres lieux,
Pendant le tumulte des armes,
Ce que de nos destins ordonneront les Dieux.
A vos enfans je veux servir de pere ;
Pour eux, puisque je l'ay promis,
Je combatray vos ennemis,
C'est plus que je ne devrois faire.
MEDE'E.
Sans m'étonner j'écoûte mon arrest.
Quels que soient les ennuis où mon destin me livre,
Jason à partir est-il prest ?
Je fais tout mon bonheur du plaisir de le suivre.
CREON.
Pour ne vous pas livrer, j'expose mes Estats

D

MEDE'E,
Aux malheurs que la guerre attire,
Et pour deffendre cet empire,
Jason voudroit nous réfuser son bras?
Me ravir ce Heros, c'est m'ôter la Victoire.
MEDE'E.
Me separer de luy, c'est me priver du jour.
CREON.
S'il m'ose abandonner, que deviendra sa gloire?
MEDE'E.
S'il m'ose abandonner, que devient son amour?
CREON & MEDE'E, ensemble.
S'il m'ose abandonner { que deviendra sa gloire?
{ que devient son amour?
CREON.
Par une lâcheté, voulez-vous qu'il terniffe
L'éclat des grands exploits, qui le font rédouter?
MEDE'E.
Ses exploits sont fameux, mais rendez-moy justice.
Si malgré les perils qu'il falloit surmonter,
La Toison emportée a fait voir son courage,
A qui doit-il cét avantage?
CREON.
Je veux que ce qui rend son nom si glorieux,
De vos enchantemens soit l'effet admirable;
Ignorez-vous qu'un murmure odieux

TRAGEDIE.

Vous fait par tout croire coupable ?

MEDE'E.

Doit-on m'imputer des forfaits,
Sans voir pour qui je les ay faits ?
Vos réproches, Seigneur, ne sont pas legitimes.
Si pour Jason je me suis tout permis,
Puisque luy seul a joüy de mes crimes,
C'est luy seul qui les a commis.

CREON.

En vain sur ce Heros vous rejettez la haine
Qui ne doit tomber que sur vous.
Du pouvoir de vostre art peut-estre est-on jaloux,
Mais enfin mes sujets vous souffrent avec peine.
Pressé par eux, pour sortir de ma Cour,
Je ne puis vous donner que le reste du jour.

MEDE'E.

Ay-je donc merité cette rigueur extrême ?
On me chasse, on m'exile, on m'arrache à moy-même.

CREON.

Faisons taire les mécontens.
Quand on entend gronder l'orage,
C'est estre sage,
Que de ceder au temps ;
Faisons taire les mécontens.

D ij

SCENE SECONDE.

CREON, MEDE'E, CRE'USE, CLEONE.
MEDE'E.

Princesse, c'est sur vous que mon espoir se fonde,
Le destin de Medée est d'estre vagabonde.
Preste à m'éloigner de ces lieux,
Je laisse entre vos mains ce que j'aime le mieux.
Je sçay qu'une pitié sincere
Pour mes enfans a touché vostre cœur;
Prenez en quelque soin, & souffrez qu'une mere
Au moins dans son exil goute cette douceur.
Ce sera pour mes vœux une grande victoire,
Si de mon triste sort le Ciel leur fait raison.
Je ne vous dis rien pour Jason,
Jason aura soin de sa gloire.

SCENE TROISIE'ME.

CREON, CRE'USE, CLEONE,
CREON.

Enfin à ton amour tout espoir est permis,
Ta rivale à partir s'appreste;

TRAGEDIE.

Et puisque tes appas tiennent Jason soûmis,
   Tu peux conserver ta conqueste.

CREUSE.

Seigneur, souvenez-vous que c'est par vostre aveu
Que Jason dans mon ame alluma ce beau feu.
L'amour sur tous les cœurs remporte la victoire,
La plus fiere à son tour reconnoit son pouvoir ;
   Mais il n'est doux que quand la gloire,
Pour le faire éclater, suit les loix du devoir.

CREON.

D'Oronte par ce choix je trompe l'esperance ;
Mais l'hymen de Jason t'arrête en mes Estats.
Au plus grand des Heros j'en remets la deffense,
   Et preferant son alliance,
   Je te donne, & ne te perds pas.

SCENE QUATRIE'ME.

CREON, JASON, CRE'USE, CLEONE.

CREON.

PRince, venez apprendre une heureuse nouvelle.
   Medée est preste à nous quitter,
Et veut bien qu'en ces lieux vous demeuriez sans elle,
Tant que nos ennemis seront à redouter.

MEDE'E,
Comme dans vos adieux il faudra de l'adresse
A luy cacher, sous quel espoir,
Pour l'éloigner, j'use de mon pouvoir,
Prenez avis de la Princesse.

SCENE CINQUIE'ME.

JASON, CRE'USE, CLEONE.

JASON.

Qu'ay-je à resoudre encor? il faut vivre pour vous.
Est-il un plus grand avantage
Que de borner mes souhaits les plus doux
A rendre à vos beautez un éternel hommage?
Plus je vous voy, plus je me sens charmé :
A mon amour mon cœur ne peut suffire.
Quand on aime ardemment, quel plaisir d'estre aimé.
Quel triomphe de l'oser dire!

CRE'USE.

Pour regner par tout à son choix,
L'imperieux Amour ne respecte personne.

JASON.

Il faut faire ce qu'il ordonne,

TRAGEDIE.
Le vray bonheur est de suivre ses loix.
CREUSE.
Avant que de vous voir mon cœur estoit tranquile,
Et quand vous en troublez la paix,
Je sens qu'à mon bonheur la perte en est utile.
Vous, où j'ay tant trouvé de sensibles attraits,
Doux repos, quittez-moy, ne revenez jamais.
JASON.
De la tranquilité doit-on se mettre en peine,
Quand on sent un trouble si doux ?
CREUSE.
J'en joüirois encor sans vous.
JASON.
Contre l'amour la resistance est vaine.
Goûtons l'heureux plaisir de perdre cette paix.
CREUSE.
Doux repos, quittez-moy, ne revenez jamais.
JASON & CREUSE.
Goûtons l'heureux plaisir de perdre cette paix.
Doux repos, quittez-nous, ne revenez jamais.
CREUSE.
Medée eut sur vostre ame un souverain empire,
L'amour luy soumettoit toutes vos volontez ;
Pour rallumer vos feux la pitié peut suffire.
Quel desespoir si vous la regrettez !

MEDE'E,
JASON.

Oronte vous adore, il viendra vous le dire.
L'amour tiendra sur vous ses regards arrestez,
Ses soupirs vous pourront parler de son martyre.
Quel desespoir si vous les écoutez!

CREUSE.

Quand son amour seroit extrême
Vous n'avez rien à redouter.
Dans le temps mesme
Que je paroistray l'écouter,
Quand son amour seroit extrême
Vous n'avez rien à redouter:
Mes yeux vous diront, je vous aime.

JASON.

Ah, pour le prix de mes tendres soupirs
Ne vous lassez point de le dire;
De l'amour à nos cœurs faisons suivre l'empire.
Le plaisir d'estre aimé passe tous les plaisirs.

JASON & CREUSE.

De l'amour à nos cœurs, faisons suivre l'empire,
Le plaisir d'estre aimé passe tous les plaisirs.

SCENE

SCENE SIXIEME.

ORONTE, CREUSE, JASON, CLEONE.

ORONTE.

Puisqu'un fier ennemy par le bruit de ses armes,
Suspend le succés de mes feux,
Du moins, belle Princesse, agréez qu'à vos charmes
J'offre l'hommage de mes vœux.
Dans le doux espoir qui me flate,
Mon amour ne peut plus se tenir renfermé;
Il faut enfin que cet amour éclate
Aux yeux qui m'ont charmé.

CREUSE.

Mon cœur qui s'applaudit d'une illustre victoire,
Aime dans son penchant à trouver son devoir;
L'hommage d'un Heros que couronne la gloire
Est toujours doux à recevoir.

ORONTE.

Ne le differons plus, ce tendre & pur hommage
Qui vous répondra de ma foy;
Et qu'icy mille voix par un doux assemblage,
De mon amour vous parlent avec moy.

E

SCENE SEPTIÉME.

Un petit Argien repreſentant l'amour, paroiſt dans un char traiſné par des captifs de differentes nations & de tout ſexe.

CREUSE, JASON, ORONTE, CLEONE.

Chœur des Captifs d'Amour.

Qu'elle eſt charmante, qu'elle eſt belle !
Ah qu'il eſt doux de ſoupirer pour elle !

UN CAPTIF.

Venir l'adorer en ces lieux,
Eſt un deſtin bien glorieux ;
Mais ſi la douceur de ſes yeux
Doit tromper une ardeur ſi belle,
Ah, quel malheur pour un amant fidelle !

CHOEUR.

Ah, quel malheur pour un amant fidelle !

LE CAPTIF.

Une rigoureuſe fierté
Sieroit mal à tant de beauté,

TRAGEDIE.

*L'amour par tout si redouté
L'empeschera d'estre crüelle ;
Ah, quel bonheur pour un amant fidelle !*

CHOEUR.

Ah, quel bonheur pour un amant fidelle !

L'AMOUR à CREUSE.

*Regnez ; l'Amour à vos loix
Vient soûmettre son empire,
Chacun à vous plaire aspire ;
Voulez-vous faire un beau choix ?
Vous n'avez qu'à dire.
Tous mes traits sont doux,
C'est par eux qu'on ayme,
Mon Arc est à vous,
Lancez les vous-même.*

L'Amour offre son Arc à Créuse, qui refuse de le prendre.

*Vous me resistez,
J'ay lieu de m'en plaindre.
Montez dans mon char, montez,
Un Enfant n'est pas à craindre.*

CREUSE.

*Quoy qu'il soit dangereux d'obéïr à l'Amour,
Le moyen de s'en deffendre ?*

MEDE'E,

Créüse monte sur le Char de l'Amour. Jason & Oronte se placent à ses côtez.

L'AMOUR.

Tendres Captifs, faites luy vostre cour,
Et que chacun de vous s'applique tour à tour
  A l'hommage qu'il faut luy rendre.
Tendres captifs, faites luy vostre cour.

UNE CAPTIVE.

Chi teme d'amore
Ilgrato martire,
O non vuol gioire,
O cuore non hà.
Son gusti i dolori,
Le spine son fiori
Ch'Amore ne dà;
Ma solo penando
Ardendo, e sperando,
Un'alma legata
Fra ceppi beata,
Per prova lo sà.
Chi teme d'amore
Ilgrato martire,
O non vuol gioire,
O cuore non hà

CHOEUR.

Son gusti i dolori

TRAGEDIE.

Le spine son fiori
Ch'amore ne dà.
Ma solo penando,
Ardendo, e sperando,
Un'alma legata
Fra ceppi beata,
Per prova lo sà.

LA CAPTIVE.

Chi teme d'amore
Il grato martire,
O non vuol gioire,
O cuore non hà.

CHOEUR.

O non vuol gioire,
O cuore non hà.

Trois autres Captifs.

D'un amant qui veut plaire
  L'hommage est sincere,
D'un amant qui veut plaire
  L'hommage est constant.

CHOEUR.

D'un amant qui veut plaire
  L'hommage est sincere,
D'un amant qui veut plaire
  L'hommage est constant.

MEDEE,

LES TROIS CAPTIFS.

Aimer & l'oser dire,
C'est ce qu'il desire ;
Aimer & l'oser dire,
C'est ce qu'il prétend.

CHOEUR.

D'un amant qui veut plaire
 L'hommage est sincere,
D'un amant qui veut plaire
 L'hommage est constant.

LES TROIS CAPTIFS.

Amans, portez vos chaînes
 D'un esprit content.

CHOEUR.

L'amour a pour vos peines
 Un prix éclatant.

LES TROIS CAPTIFS.

D'un amant qui veut plaire
 L'hommage est sincere,
D'un amant qui veut plaire
 L'hommage est constant.

CHOEUR.

D'un amant qui veut plaire

TRAGEDIE.

L'hommage est sincere,
D'un amant qui veut plaire
L'hommage est constant.

L'AMOUR à Créüse aprés qu'elle est descenduë du char.

Vous voyez à quoy j'aspire.
Pour faire un heureux vainqueur,
Je compte sur vostre cœur.
Oserez-vous m'en dédire ?

ORONTE.

Parlez, belle Princesse, il s'agit en ce jour
D'avoir le cœur sincere & d'aimer qui vous aime.

JASON.

L'amour sur ce qu'il veut s'est expliqué luy-même,
Vous devez contenter l'amour.

CREUSE.

En vain l'amour me sollicite.
Qu'un amant se fasse estimer
Par tout ce que la gloire ajoûte au vray merite,
Il est seur de se faire aimer.

CHOEUR.

Ton triomphe est certain, victoire, Amour,
victoire.

MEDE'E,

L'amant que tu veux rendre heureux,
Est seur de l'estre par la gloire;
La gloire est l'objet de ses vœux.
Ton triomphe est certain, victoire, Amour, victoire.

Fin du second Acte.

ACTE III.

Le Theatre represente un lieu destiné aux Evocations de Medée.

SCENE PREMIERE.

ORONTE, MEDE'E.

ORONTE.

'Orage est violent, il a deû vous surprendre ;
Mais sans vous alarmer laissez gronder les flots.
Je viens vous offrir dans Argos

MEDE'E,
Un peuple armé pour vous deffendre.

MEDE'E.

Si par l'exil que m'impose le Roy
Corinthe s'affranchit des fureurs de la guerre,
Pourquoy charger une autre terre
Des maux que je traîne avec moy ?
Acaste veut que je perisse ;
Et lors que pour ma perte il arme son couroux,
Je croirois faire une injustice
De l'étendre sur vous.

ORONTE.

Le fier appareil de ses armes
Me cause de foibles alarmes.
Pour les attirer contre moy,
Dans la vive ardeur qui me presse,
Que Jason obtienne du Roy,
Que par l'hymen de la Princesse
Demain il couronne ma foy.
Alors dans mes Estats Jason pourra vous suivre,
Et si vos Ennemis veulent vous désunir,
Vous me verrez cesser de vivre,
Si je differe à les punir.

MEDE'E.

Vous ignorez ce qui se passe.
Il faut vous découvrir par quelle trahison

TRAGEDIE.

On veut m'éloigner de Jason;
Il faut vous faire voir jusqu'où va ma disgrace.
Tremblez, Prince; mes maux enfin trop confirmez
En m'accablant retombent sur vous mesme.
Jason me trahit, Jason aime,
Et peut-estre est aimé de ce que vous aimez.

ORONTE.

Ciel, que me dites-vous! je perdrois la Princesse!
Au mépris de mes vœux elle aimeroit Jason?

MEDE'E.

N'en doutez pas, ma presence les blesse,
Je fais obstacle à leur tendresse,
C'est là de mon exil la pressante raison.

ORONTE.

En vain je voudrois me le taire.
On vous bannit, mon hymen se differe.
J'ouvre les yeux sur mon malheur.
Tout me le dit, j'en voy la certitude.
Qui l'auroit crû, que tant d'ingratitude
Deust payer le beau feu qui regne dans mon cœur?

ORONTE & MEDE'E.

Qui l'auroit crû, que tant d'ingratitude
Deust payer le beau feu qui regne dans mon cœur.

MEDE'E.

Souffrirez-vous qu'on vous enleve
Ce cher objet de vos desirs?

F ij

MEDE'E.
ORONTE.
Si cette trahison vous coûte des soupirs,
Souffrirez-vous qu'elle s'acheve?
MEDEE.
Quel plus sensible coup pouvois-je recevoir!
Tous deux.
N , dans un cœur, quand l'amour est extrême,
Rien n'approche du desespoir
D'estre trahy par ce qu'on aime.
Unissons nos ressentimens
Contre ces perfides Amans.
Que Jason à mes { sœux prefere / vœux ravisse } la Princesse!
Son crime ne peut s'égaler.
MEDE'E.
Il vient; mon cœur s'émeut & reprend sa tendresse.
Elle en triomphera, laissez-moy luy parler.

SCENE SECONDE.

MEDE'E, JASON.

MEDE'E.

Vous sçavez l'exil qu'on m'ordonne.
Venez-vous me dire en quels lieux,

TRAGEDIE.

Lors que tout icy m'abandonne,
Je dois fuir le couroux des Dieux.
En vain j'iray par tout, dans l'excez de ma peine,
De cet injuste arrest leur demander raison ;
Les crimes que j'ay faits pour trop aimer Jason,
De l'Univers entier m'ont attiré la haine.
    La Thessalie arme contre mes jours,
Colchos a resolu mon trop juste supplice ;
    Le seul Jason me restoit pour secours,
Et ce Jason si cher permet qu'on me bannisse.

JASON.

N'appellez point exil, un triste éloignement
    Que l'honneur à souffrir m'engage.
    J'en ressens le coup en amant,
J'en gemis, je m'en fais un rigoureux tourment,
    Mais je ne puis rien davantage.
    Voulez-vous que je quitte un Roy,
    Qui pour épargner vostre teste,
Attend sans s'ébranler, l'éclat de la tempeste
    Qui remplit son peuple d'effroy ?
Voyons finir la guerre, & le coup qui vous blesse
Pour un temps seulement nous aura separez.

MEDE'E.

Helas ! pendant ce temps, je connois ma foiblesse,
    Quels ennuis vous me coûterez !
    Je tâche à vaincre les alarmes
    Que me cause un soupçon jaloux ;

Mais enfin malgré moy je sens couler mes larmes.
Ingrat, m'abandonnerez-vous ?

JASON.

S'il faut de tout mon sang racheter vostre vie,
Je suis tout prest à le donner.
Partager les malheurs dont elle est poursuivie,
Est-ce là vous abandonner ?

MEDE'E.

Rien ne m'est plus doux que de croire
Tout l'amour que vous me jurez ;
Il fait mon bonheur & ma gloire,
Mais je parts, & vous demeurez.

JASON.

Je demeure, il est vray, mais quand on nous separe
Vous n'avez rien à redouter ;
Partez, les vains efforts que l'Ennemi prepare
Ne pourront long-temps m'arrester.

MEDE'E.

Il faut donc me résoudre à ce depart funeste.
Soûtenez une guerre où vous serez vainqueur ;
Mais conservez-moy vostre cœur,
C'est l'unique bien qui me reste.
Je ne m'en répens point ; pour m'attacher à vous
J'ay quitté mon pays, abandonné mon Pere ;
On m'exile ; & l'exil ne peut m'estre que doux,

TRAGEDIE.

S'il asseure à Jason la gloire qu'il espere.

JASON.

Ah, c'est m'en dire trop ! cessez de m'attendrir ;
Je ne me connois plus dans ce trouble terrible.

MEDE'E.

J'y consens, je veux bien estre seule à souffrir,
Un Heros ne doit pas avoir l'ame sensible.

JASON.

Je vous l'ay déja dit, je sens tous vos malheurs.
Ce qu'a fait vostre amour gravé dans ma memoire...
Adieu, je ne puis plus soutenir vos douleurs,
  Et je dois me cacher vos pleurs,
   Si je veux en sauver ma gloire.

SCENE TROISIE'ME.

MEDE'E, seule.

Quel prix de mon amour, quel fruit de mes forfaits !
Il craint des pleurs qu'il m'oblige à répendre ;
  Insensible au feu le plus tendre
  Dont un cœur ait brûlé jamais,
  Quand mes soupirs peuvent suspendre

MEDE'E,
l'injustice de ses projets ;
Il fuit pour ne les pas entendre.
Quel prix de mon amour! quel fruit de mes forfaits!
J'ay forcé devant luy cent Monstres à se rendre.
Dans mon cœur où regnoit une tranquille paix,
Toujours promte à tout entreprendre,
J'ay sceu de la nature effacer tous les traits.
Les mouvements du sang ont voulu me surprendre,
J'ay fait gloire de m'en deffendre,
Et l'oubly des serments que cent fois il m'a faits,
L'engagement nouveau que l'amour luy fait prendre,
L'éloignement, l'exil, sont les tristes effets
De l'hommage éternel que j'en devois attendre ?
Quel prix de mon amour! quel fruit de mes forfaits!

SCENE QUATRIE'ME.

MEDE'E, NERINE.

MEDE'E,

Croiras-tu mon malheurs ? Iason, Iason luy-mesme,
L'infidelle Iason me presse de partir.

NERINE.

Ah, gardez-vous d'y consentir.

Arcas

TRAGEDIE.

Arcas sçait son secret, il m'aime,
Et de sa perfidie il vient de m'avertir.
Son hymen avec la Princesse
Par le Roy mesme est arrêté,
Et vostre éxil n'est qu'une adresse
Pour mettre contre vous ses jours en seureté.

MEDEE.
Dieux, témoins de la foy que l'ingrat m'a donnée,
Soufrirez-vous cet hymenée ?
C'en est fait, on m'y force, il faut briser les nœuds
Qui m'attachent à ce perfide.
Puisque mon desespoir n'a rien qui l'intimide,
Voyons quel doux succés suivra ses nouveaux feux.
Pour qui cherche ma mort je puis estre barbare,
La vengeance doit seule occuper tous mes soins ;
Faisons tomber sur luy les maux qu'il me prepare,
Et que le crime nous separe,
Comme le crime nous a joints.

NERINE.
Avant que d'éclater, rappellez dans son ame
Le souvenir de sa premiere flame.

MEDE'E.
Malgré sa noire trahison,
Ie sens que ma tendresse est toujours la plus forte ;
Mais Corinthe, le Rroy, la Princesse, Iason,
Tout doit trembler si je m'emporte.
N'en deliberons plus. Vous qui m'obeïssez,

G

Esprits à me plaire empreſſez,
Volez, apportez-moy cette robe fatale
Que je deſtine à ma rivale.

Il paroît icy des Eſprits en l'air qui diſparoiſſent auſſi-tôt.

Des poiſons que j'y vais verſer
Ie ſuspendray la violence,
Et je ne les feray ſervir à ma vangeance
Que quand je m'y verray forcer.

NERINE.

De la pitié vous pourrez-vous deffendre?
En puniſſant Iaſon craignez de vous punir.

MEDE'E.

Retire-toy, tes yeux ne pourroient ſoûtenir
L'horreur qu'icy je vais répandre:

SCENE CINQUIE'ME.

MEDE'E.

Noires filles du Stix, Divinitez terribles,
Quittez vos affreuſes priſons.
Venez meſler à mes poiſons
La devorante ardeur de vos feux inviſibles.

Il paroît tout à coup une Troupe de Demons.

TRAGEDIE.

Chœur de Demons.

L'Enfer obeït à ta voix,
Commande, il va suivre tes loix.

MEDE'E.

Punissons d'un ingrat la perfidie extrême.
Qu'il souffre, s'il se peut, cent tourmens à la fois,
En voyant souffrir ce qu'il aime.

CHOEUR.

L'Enfer obeït à ta voix,
Commande, il va suivre tes loix.

Les Demons Aëriens apportent la Robe.

MEDE'E.

Ie voy le don fatal qu'exige ma rivale.
Pour le rendre funeste, il est temps, faisons choix
Des sucs les plus mortels de la rive infernale.

CHOEUR DE DEMONS.

L'Enfer obeït à ta voix,
Commande, il va suivre tes loix.

Les Demons apportent une Chaudiere infernale, dans laquelle ils jettent les herbes qui doivent composer le poison, dont Medée a besoin pour empoisonner la robe.

MEDE'E.

Dieu du Cocyte & des royaumes sombres,
Roy des pasles Ombres,
Sois attentif à mes enchantements.
Pour m'asseurer qu'Hecate m'est propice,
Que l'Averne fremisse,
Et fasse tout trembler par ses mugissements.

On entend un bruit souterrain.

L'Enfer m'a répondu, ma victoire est certaine.
Naissez, Monstres, naissez, tous mes charmes sont faits.
Du funeste poison, par une mort soudaine,
Faites-moy voir les seurs effets.

CHOEUR.

Naissez, Monstres, naissez, tous les charmes sont faits.
Du funeste poison, par une mort soudaine,
Faites-nous voir les seurs effets.

Pendant ce Chœur les Monstres naissent, & aprés que les Demons ont répandu du poison de la Chaudiere sur eux, ils languissent & meurent.

Tout répond à nostre envie,
Les Monstres perdent la vie.

TRAGEDIE.

Medée prend du poison dans la Chaudiere, & le répand sur la robe.

CHOEUR.

Non, non, les plus heureux amans,
Aprés une longue esperance,
N'ont des plaisirs qu'en apparence.
En voulez-vous de charmans ?
Cherchez-les dans la vangeance.

MEDE'E.

Vous avez servi mon couroux ;
C'est assez retirez-vous.

Medée emporte la robe & les Demons disparoissent.

FIN DU TROISIE'ME ACTE.

ACTE IV.

Le Theatre represente l'avant-cour d'un Palais, & un jardin magnifique dans le fonds.

SCENE PREMIERE.
JASON, CLEONE.
CLEONE.

Jamais on ne la vit si belle,
Cette Robe superbe augmente ses appas;
Et dans l'éclat qu'elle répand sur elle,
Il faut estre sans yeux pour ne l'admirer pas.

JASON.
A peine dans ses mains cette Robe est remise,
Et déja la Princesse a voulu s'en parer!

CLEONE.
L'agrément qu'elle en sçait tirer
Vous causera de la surprise.
Elle paroist. Voyez quel air de Majesté
Anime & soûtient sa beauté.

SCENE SECONDE.
CREUSE, JASON, CLEONE.

JASON.

Ah! que d'attraits, que de graces nouvelles?
A voir ce vif éclat que mes yeux sont contents!
Des fleurs que produit le Printemps
Les couleurs ne sont point si belles.
Ah! que d'attraits, que de graces nouvelles?

CREUSE.

Si j'ay quelques appas assez vifs pour toucher,
S'ils brillent plus qu'à l'ordinaire;
Cét avantage ne m'est cher,
Que par la gloire de vous plaire.

JASON.

Quels feux nouveaux dans mon cœur
Cette asseurance fait naistre?
N'ont-ils point assez d'ardeur?
Pourquoy chercher à l'accroistre?

CREUSE.

Si cette ardeur peut s'augmenter,
Croyez-vous qu'en vouloir borner la violence,
Ce ne soit pas une offence
Capable de m'irriter?

MEDE'E,

D'un amour qui se menage
Les cœurs tendres sont blessez.
Malgré les vœux empressez,
Qui m'asseurent vostre hommage;
Pouvant m'aimer davantage,
Vous ne m'aimez pas assez.

JASON.

Non, jamais tant d'ardeur, jamais flâme si belle
N'embraza le cœur d'un Amant.

CRE'USE.

C'est peu d'y voir un sort charmant,
Cette ardeur doit estre éternelle.

JASON.

Ah! j'en fais icy le serment.
Puisse l'Amour dans sa juste colere
Exercer contre moy sa plus grande rigueur,
Si jamais il trouve mon cœur
Detaché du soin de vous plaire.

JASON & CRE'USE.

Puisse l'Amour dans sa juste colere
Exercer contre moy sa plus grande rigueur,
Si jamais il trouve mon cœur
Detaché du soin de vous plaire.

CRE'USE.

Ie finis à regret un entretien si doux,
Mais le Prince d'Argos s'avance;
Et son importune presence
Me force à m'éloigner de vous.

SCENE

TRAGEDIE.

SCENE TROISIEME.

ORONTE, JASON.

ORONTE.

Si-tost que je parois, la Princesse vous quitte ;
 Mon amour s'en doit alarmer.

JASON.

Cette crainte est injuste ; un éclatant merite
Peut trop sur les grands cœurs pour ne pas l'estimer.

ORONTE.

Quand sur un espoir legitime
On peut se flatter d'estre heureux,
Pour satisfaire un cœur bien amoureux,
Est-ce assez que de l'estime ?

JASON.

Avec un tel secours, si vos feux sont constans,
 Aimez, on obtient tout du temps.

ORONTE.

Non, non, dans sa froideur extrême
Je vois le refus de son cœur.

MEDE'E,

Quelque Rival se cache, elle est aimée, elle aime;
Je pourray découvrir ce trop heureux Vainqueur,
Et mon bras disputant cette noble victoire,
Fera voir qui de nous en merite la gloire.

JASON.
L'Amour promet souvent plus qu'il ne peut tenir.

ORONTE.
Jugez mieux d'un Amant que le mepris outrage;
S'il forme une entreprise, il sçait la soûtenir.

JASON.
Vous sçavez à quels soins la Guerre icy m'engage.
Les Troupes qu'aujourd'huy fait assembler le Roy,
N'attendent plus que moy.

SCENE QUATRIE'ME.
MEDE'E, ORONTE, NERINE.
ORONTE.
VOS soupçons estoient vrais, j'ay veu, j'ay veu moy-mesme
L'inexcusable trahison,
Qui doit estre le prix de vostre amour extrême;
J'ay leu dans le cœur de Iason,
Il m'oste la Princesse, il l'aime.
De tant de perfidie, ô Ciel, fais-nous raison.

TRAGEDIE.
MEDE'E.

Eût-il le Ciel à ses vœux favorable,
Ne craignez point cét Hymen odieux;
Au pouvoir de Medée il n'est rien de semblable,
Elle asservit la terre, elle commande aux cieux.

Ie tiens la Foudre suspenduë,
Mais si Creon ne cede pas,
Il verra quelle peine est deuë
A qui se fait le soutien des ingrats.

ORONTE.

Pardonnez à ma foiblesse,
L'Amour à sçeu m'engager.
Un juste couroux vous presse;
Mais à ne rien menager,
Le plaisir de vous vanger
Me rendra-t'il la Princesse?

MEDE'E.

Ie me declare pour vous.
Iamais, quoy que puissent faire,
Les Dieux, Créüse & son Pere,
Iason n'en sera l'Epoux:
Ie me declare pour vous.
Laissez-moy seule icy; dans ce que je medite
I'ay besoin de calmer le trouble qui m'agite.

MEDE'E,

SCENE CINQUIEME.

MEDE'E, NERINE.

MEDE'E.

D'OU me vient cette horreur? est-ce à moy
  de trembler?
 Preste à punir la criminelle flame
Qui cause les ennuis dont on m'ose accabler,
Puis-je me souvenir que je suis mere & femme?

NERINE.

Ses yeux sont égarez, ses pas sont incertains.
  Dieux, détournez ce que je crains.

MEDE'E.

Non, non, à la pitié je dois estre inflexible.
Jason méprisera mon desespoir jaloux?
Venez, venez, fureur, je m'abandonne à vous.
Je prens une vengeance épouvantable, horrible;
Mais pour voir son supplice égaler mon couroux,
  C'est par l'endroit le plus sensible
  Qu'il faut porter les derniers coups.

SCENE SIXIEME.

CREON, MEDE'E, NERINE, GARDES.

CREON.

Vos adieux sont-ils faits? le murmure s'aug-
   mente,
C'est aigrir les esprits que de ne céder pas.
D'un Peuple qui vous fait sortir de mes Estats
   Craignons la fureur insolente.

MEDE'E.

Je pars, & ne veux-plus troubler vostre repos,
   Mais je dois tenir ma promesse.
Pour m'en voir degagée, il faut que la Princesse
   Epouse le Prince d'Argos.
A serrer ces beaux nœuds la Gloire vous invite,
Pressez ce doux moment, l'Hymen fait, je vous
   quitte.

CREON.

Quelle audace vous porte à me parler ainsi,
Vous, l'objet malheureux de tant de justes haines?
   Ignorez-vous que je commande icy,
Et que mes volontez y seront souveraines?
   C'est à moy seul de les regler.

MEDE'E.

Creon, sur ton pouvoir cesse de t'aveugler.
 Tu prens une trompeuse idée
De te croire en estat de me faire la loy ;
 Quand tu te vantes d'estre Roy,
 Souviens-toy que je suis Medée.

CREON.

 Cét orgüeil peut-il s'égaler !

MEDE'E.

Sur l'Hymen de ta fille il m'a plû de parler ;
 En vain mon audace t'estonne.
Plus puissante que toy dans tes propres Estats,
 C'est moy qui le veux, qui l'ordonne :
 Tremble si tu n'obeis pas.

CREON.

Ah ! c'est trop en souffrir ; Gardes, qu'on la saisisse.

 Les Gardes vont pour saisir Medée, elle les touche de sa Baguette, & en mesme temps ils tournent leurs Armes les uns contre les autres.

CREON.

 Que vois-je ! ah, justes Dieux !
 Par quel mouvement furieux,
Vouloir que par vos mains chacun de vous perisse

TRAGEDIE.
MEDE'E.

Montre icy ta puissance à retenir leurs bras;
Sois Roy, si tu peux l'estre, & suspens leurs combats.

Creon veut s'avancer vers Medée, & les Gardes l'environnent pour l'arrester.

CREON.

Quoy, lasches, contre-moy tous vos efforts s'unissent?
MEDE'E.
Je plains ton triste sort, tes Sujets te trahissent,
Mais ne crains rien de leur emportement;
Pour le faire cesser je ne veux qu'un moment.

Elle fait un cercle en l'air avec sa Baguette, & aussi-tost on voit des Fantômes sous la figure de Femmes agreables.

SCENE SEPTIE'ME.

CREON, MEDE'E.
Phantômes & Gardes du Roy.

MEDE'E.

Objets agreables,
Phantômes aimables,
Appaisez les fureurs
De ces farouches cœurs.

MEDEE,
ENTRE'E DES PHANTOMES.
Un Phantôme.

Aprés de mortelles alarmes,
Qu'un heureux calme semble doux!

CHOEUR.

Aprés de mortelles alarmes
Qu'un heureux calme semble doux!

PHANTOME.

Cœurs agitez d'un vain couroux,
Cedez, rendez-vous à nos charmes.
  Où prendrez-vous des armes
  Qui tiennent contre nous?

CHOEUR.

Cœurs agitez d'un vain couroux,
Cedez, rendez-vous à nos charmes.
  Où prendrez-vous des armes
  Qui tiennent contre nous.

CREON.

  Par quel prodige, à moy-mesme contraire,
En voyant ces objets, n'ay-je plus de colere?

DEUX PHANTOMES.

  Tout ressent le pouvoir
  Du plaisir de nous voir.
    Une ame de glace
    S'en laisse émouvoir,
    Et quoy que l'on fasse,
    Le chagrin le plus noir
    Luy doit ceder la place.

TRAGEDIE.

Tout ressent le pouvoir
Du plaisir de nous voir.
CHOEUR.
Tout ressent le pouvoir
Du plaisir de nous voir.
Une ame de glace
S'en laisse émouvoir,
Et quoy que l'on fasse;
Le chagrin le plus noir
Luy doit ceder la place.
Tout ressent le pouvoir
Du plaisir de nous voir.

Les Phantômes disparoissent, & les Gardes charmez de leur beauté abandonnent le Roy pour les suivre.

SCENE HUITIE'ME.
MEDE'E, CREON, NERINE.
MEDE'E.

MOn pouvoir t'est connu, j'ay mis ta Garde en fuite,
Pour te forcer à l'Hymen que je veux,
Mon art secondera mes vœux,
J'ay commencé, crains en la suite.
CREON.
Quoy', l'on viendra me braver dans ma Cour!
Perisse tout plûtost que je l'endure.

I

MEDÉE.

Vostre sang odieux lavera mon injure,
Ou les Dieux m'osteront le jour.
D'un indigne mepris c'est trop souffrir l'outrage.
Vien, Fureur, c'est à toy d'achever mon ouvrage.

La Fureur paroist avec son flambeau, & passe par devant Creon.

SCENE NEUVIEME.
CREON seul.

Noires Divinitez, que voulez-vous de moy?
Impitoyables Eumenides,
Vous faut-il le sang des perfides
Qui n'ont pas respecté leur Roy?
Mais où suis-je? & d'où vient tout à coup ce silence?
Le Ciel s'arme de feux. Ah, c'est pour ma vengeance,
Courons, n'épargnons rien. Quels terribles éclats?
Où veux-je aller? Tout tremble sous mes pas.
Tout s'abîme, la terrre s'ouvre.
Dans ses gouffres profonds quels monstres je découvre!
Ils saisissent Medée. Ah, ne la quittez pas.
Les sombres flots du Stix n'ont rien qui m'épouvante.
Pour la voir condamnée aux plus cruels tourmens,
Je vais apprendre à Radamante
Jusqu'où va la noirceur de ses enchantemens.

Fin du quatriéme Acte.

ACTE V.

Le Theatre represente le Palais de Medée.

SCENE PREMIERE.

MEDE'E, NERINE.

NERINE.

N ne peut sans effroy soutenir sa pre-
sence.
Il court de toutes parts, menaçant, fu-
rieux,
Dans ce funeste estat tout ce qu'il voit l'offence;
La Princesse elle seule, en s'offrant à ses yeux,

MEDEE,
Semble de sa fureur calmer la violence;
Il s'arreste, il soupire, & garde un long silence.

MEDE'E.

Et que dit son heureux Amant ?

NERINE.

Jason ignore encor ce triste évenement.
Occupé par les soins que la guerre demande,
Il range avec nos chefs les troupes qu'il commande

MEDE'E.

Que d'horreur ! que de maux suivront sa trahison !
C'est luy seul qui les cause, il m'en fera raison ;
Vangeons nous. Ma fureur, à tant de Rois fatale,
  A-t'elle assez de ma Rivale ?
Non, s'il ose garder ses sentimens ingrats,
  Si toûjours il perd la memoire
  De ce que j'ay fait pour sa gloire,
Il aime ses Enfans, ne les épargnons pas.
Ne les épargnons pas ! ah, trop barbare Mere !
Quel crime ont-ils commis pour leur percer le sein ?
  Nature, tu parles en vain,
Leur crime est assez grand d'avoir Jason pour Pere,
Quel desespoir m'aveugle & m'emporte contr'eux ?
Leur âge permet-il cet affreux parricide,
Et sont-ils criminels pour estre malheureux ?
  Quoy, je craindray de punir un perfide !
De ses vœux triomphants ma mort seroit l'effet !

TRAGEDIE.

Oublions l'innocence, & voyons le forfait.
Une indigne pitié me les fait reconnoistre;
C'est mon sang, il est vray, mais c'est le sang d'un traitre.
Puis-je trop acheter, en les faisant perir,
   La douceur de le voir souffrir?

SCENE SECONDE.

CREUSE, MEDE'E, NERINE.

CREUSE.

SI la pitié vous peut trouver sensible,
   Voyez une Princesse en pleurs,
Qui vient vous demander la fin de ses malheurs:
   A vostre Art rien n'est impossible.
Pour garantir l'Estat des maux que je prevoy,
   Si la pitié vous peut trouver sensible,
   Appaisez la fureur du Roy.

MEDE'E.

Si vous voulez obtenir ce miracle,
C'est au Prince d'Argos qu'il faut vous adresser.
   Par son hymen vos maux doivent cesser,
   Vos desirs n'auront point d'obstacle:

MEDE'E.
Mais je veux qu'en ce même jour,
En recevant sa foy, vous payez son amour.

CRE'USE.
Sur cet hymen quel party puis-je prendre,
Quand d'un Pere & d'un Roy le ciel m'a fait dé-
pendre ?

MEDE'E.
J'ay parlé, c'est assez ; ne cherchez plus qu'en moy,
Le pouvoir d'un Pere & d'un Roy.

CRE'USE.
Pourquoy precipiter un dessein....

MEDE'E.
Point d'excuse.
Du trouble où je vous mets je connois la raison ;
Quand au Prince d'Argos vostre cœur se refuse,
Il veut se garder à Jason.

CRE'USE.
Se garder à Jason ?

MEDE'E.
Je sçay sa perfidie,
En luy vous aviez un amant ;
Mais on n'offence pas Medée impunément ;
D'une entreprise si hardie
L'Univers étonné verra le châtiment.

CRÉUSE.

Ah, reprenez Iason, & me rendez mon Pere.
Que Iason parte, & qu'il fuye avec vous.

MEDE'E.

Non, de ma main vous prendrez un Epoux;
Ce seul moyen peut satisfaire
Les transports de mon cœur jaloux.

Chœur de Corinthiens qu'on ne voit pas.

Ah, funeste revers! fortune impitoyable!
Corinthe, helas! que vas-tu devenir?

CRÉUSE.

Que ce grand bruit m'est redoutable!

CHOEUR.

Dieux cruels, est-ce ainsi que vostre haine accable
Ceux que vous devez soutenir?

MEDE'E,

SCENE TROISIE'ME.

CRE'USE, MEDE'E, NERINE, CLEONE.

Chœur de Corinthiens.

CRE'USE A CLEONE.

Venez, parlez ; qu'avez-vous à m'apprendre ?
Je voy vos yeux baignez de pleurs.

CLEONE.

Je viens vous annoncer le plus grand des malheurs.
Le Roy ne respiroit que du sang à répandre,
Quand voyant le Prince d'Argos,
Il a paru plus en repos.
Sa fureur sembloit dissipée ;
Mais dans le temps qu'on n'a rien redouté
De sa fausse tranquillité,
De ce malheureux Prince il a saisi l'epée,
Et luy perçant le flanc, son bras nous a fait voir
Ce que peut un prompt desespoir.

CREUSE.

Helas !

TRAGEDIE.
CLEONE.

Dans ce malheur extrême,
Chacun s'est empressé de luy prêter secours.
Le Roy dans ce moment a terminé ses jours,
Du mesme fer il s'est percé luy-même.
Ah, s'est-il écrié, le ciel l'a donc permis,
J'ay vaincu tous mes ennemis.

CHOEUR de Corinthiens.

Ah, funeste revers! fortune impitoyable!
Corinthe, helas! que vas-tu devenir?
Dieux cruels, est-ce ainsi que vostre haine accable
Ceux que vous devez soûtenir?
Refusons nostre encens, nostre hommage,
A ces Dieux inhumains;
Tous nos respects sont vains,
Nos malheurs sont leur injuste ouvrage?
Refusons nostre encens, nostre hommage
A ces dieux inhumains.

CREUSE.

C'est assez, laissez-moy, vos pleurs ne font qu'aigrir,
Les maux que je me dois preparer à souffrir.

SCENE QUATRIEME.

MEDE'E, CRE'USE, NERINE, CLEONE.

CRE'USE.

EH bien, barbare, estes-vous satisfaite ?
Par des crimes plus noirs voulez-vous meriter
Le détestable honneur de faire redouter
    Le pouvoir que l'Enfer vous préte ?

MEDE'E.

Pourquoy faire éclater ce violent couroux ?
Si la perte d'un Pere est pour vous si funeste,
    Le cœur de Jason qui vous reste,
Pour vous en consoler, est un prix assez doux.

CRE'USE.

    Ah, si j'ay sur luy quelque empire,
Craignez à vous punir la derniere rigueur.
Je ne m'en serviray, que pour mettre en son cœur
    Toute la haine que m'inspire
    Ce que pour vous je sens d'horreur.

MEDE'E

Que peuvent contre-moy ces desseins de vangeance ?

TRAGEDIE.

Quels effets en seront produits,
Puisque vous ignorez jusqu'où va ma puissance,
Connoissez tout ce que je suis.

Medée touche Créüse de sa baguette & s'en va.

SCENE CINQUIE'ME.

CREUSE, CLEONE.

Quel feu dans mes veines s'allume ?
Quel poison, dont l'ardeur tout à coup me consume,
Dans cette robe étoit caché ?
Soûtenez-moy, je n'en puis plus, je tremble,
Je brûle. Sur mon corps un brasier attaché
Me fait souffrir mille tourmens ensemble.
Mon mal est sans remede, à quoy servent ces pleurs ?
Rien ne peut soûlager l'excez de mes douleurs.

SCENE SIXIE'ME.

JASON, CREUSE, CLEONE.

JASON.

AH, Roy trop malheureux ! mais ô ciel ! la Princesse
Paroît mourante entre vos bras !
Qui la met dans cette foiblesse ?

CREUSE.

Approchez-vous, Jason, ne m'abandonnez pas.
Mon pere est mort, je vais mourir moy-même.
Je peris par les traits que Medée a formez ;
Mille poisons dans sa robe enfermez,
Par une violence extrême,
Vous ostent ce que vous aimez ;
Ce que j'endure est incroyable ;
Mais au moins j'ay de quoy rendre graces aux dieux,
Que sa fureur impitoyable
Me laisse la douceur de mourir à vos yeux.

JASON.

Appellez-vous douceur un effet de sa rage ?

TRAGEDIE.

De cet affreux spectacle elle a sceu la rigueur.
Pouvoit elle mettre en usage
Un supplice plus propre à m'arracher le cœur?

TOUS DEUX.

Helas! prests d'estre unis par les plus douces chaînes,
Faut-il nous voir separer à jamais?

CREUSE.

Peut-on rien ajoûter à l'excés de mes peines?

JASON.

Peut-on lancer sur moy de plus terribles traits?

TOUS DEUX.

Helas! prests d'estre unis par les plus douces chaînes,
Faut-il nous voir separer à jamais?

JASON.

Non, non, rien ne sçauroit m'obliger à survivre
Au coup fatal, qui vous force a perir.
Je trouveray le moyen de vous suivre.

CREUSE.

Ah, ne cherchez point à mourir.
Vivez, si vous voulez me plaire
J'ay causé la mort de mon pere,
Vangez-la, c'est le prix qu'exigent mes douleurs.
Mais adieu; de la mort les horreurs me saisissent,
Je perds la voix, mes forces s'affoiblissent,
C'en est fait, j'expire, je meurs.

On emporte Créüse.

SCENE SEPTIEME.
JASON, seul.

Elle est morte, & je vis ! courons à la ven-
    geance,
Pour estre en liberté de renoncer au jour :
La perte de Medée est deuë à mon amour.
Quel supplice assez grand peut expier l'offense ?
Mais par quel effet de son art.....

SCENE HUITIE'ME.
MEDEE, JASON.
MEDE'E, en l'air sur un Dragon.

C'Est peu, pour contenter la douleur qui te presse,
    D'avoir à vanger la Princesse ;
Vange encor tes Enfans ; ce funeste poignard
    Les a ravis à ta tendresse.

JASON.

Ah barbare !

MEDE'E.

Infidelle ! aprés ta trahison,

TRAGEDIE.

Ay-je dû voir mes fils dans les fils de Jason ?

JASON.
Ne crois pas échapper au transport qui m'anime,
Pour te punir j'iray jusqu'aux Enfers.

MEDE'E.
Ton desespoir choisit mal sa victime.
Que pourra-t-il, puisque les airs
Sont pour moy des chemins ouverts ?

JASON
Ah, le Ciel qui toûjours protegea l'innocence....

MEDE'E.
Adieu Jason, j'ay remply ma vangeance.
Voyant Corinthe en feu, ses Palais embrasez,
Pleure à jamais les maux que ta flame a causez.

Medée fend les Airs sur son Dragon, & en mesme temps les Statuës & autres ornemens du Palais se brisent. On voit sortir des Demons de tous côtez, qui ayant des feux à la main embrasent ce mesme Palais. Ces Demons disparoissent, une nuit se forme, & cet édifice ne paroist plus que ruine & monstres, aprés quoy il tombe une pluye de feu.

FIN DU CINQUIE'ME ET DERNIER ACTE.

www.ingramcontent.com/pod-product-compliance
Lightning Source LLC
LaVergne TN
LVHW021000090426
835512LV00009B/1988